Wolfgang Hübner-Bergfeld

IN JEDEM AUGENBLICK

LYRIK ZUM WAHRNEHMEN, ENTDECKEN, MITSCHWINGEN

whb-koeln

Danke, Christa, für die inspirierenden Gespräche!

Impressum

© Wolfgang Hübner-Bergfeld
Köln 2021

Kontakt: wolfgang.huebner-bergfeld@gmx.net
Titelbild: Wolfgang Hübner-Bergfeld
Cover: whb-koeln

Herstellung und Verlag:
BoD - Books on Demand, Norderstedt
ISBN 978-3-7534-8061-9

FSC
www.fsc.org

MIX
Papier aus verantwortungsvollen Quellen
Paper from responsible sources
FSC® C105338

Inhaltsverzeichnis

Prolog

Bekanntlich gibt es keine Zufälle, sondern es fällt einem etwas zu bzw. entwickelt sich, wenn die Zeit dafür reif ist. Denn alles ist meiner Ansicht nach schon da! Wir brauchen es nur wahrzunehmen, zu entdecken, und wenn wir hierzu bereit sind, all unsere Sinne dafür zu öffnen!

So gibt es manchmal Zeiten, in denen sich meine Seele über meine Gedanken und über meine Worte nach außen bewegt. Zeiten, in denen ich tiefe Berührung mit mir und mit der ganzen Welt verspüre. Zeiten, in denen ich einfach geschehen lasse. So ging es mir auch oft bei meinem Dichten und Niederschreiben der in diesem Band zusammengestellten Texte.

In dieser Weise entwickelte sich im Laufe der Zeit an unterschiedlichen „Orten der Inspiration" wie z.B. im Bett, am Frühstückstisch, auf dem „Stillen Örtchen", in der Straßenbahn, im Stau auf der Autobahn, mitten im Getümmel von Leuten, beim Einkaufen usw. eine Vielfalt von Aphorismen, kleinen bildnerischen Szenen, Gedichten und Geschichten, die sich wie ein buntes Gedanken-Kaleidoskop zusammenfügten.

Eine kleine Auswahl davon präsentiere ich nun in diesem Gedichtsband den interessierten Leserinnen und Lesern.

Tief

Wundersam leicht

Die Seele berührend

Schenke ich meine Gedanken

Dir

Wolfgang Hübner-Bergfeld

Köln

im März 2021

I.

Wage zu träumen

Wage zu träumen

Nimm dich zurück

Aus dem Trubel des Alltags

Lass dich treiben

Im Rhythmus deiner Zeit

Erlaube dir du selbst zu sein

Mit all dem, was du wirklich bist

Wage zu träumen

Mit dem Gefühl von Freisein

Und den inneren Bildern in dir

Aus dem scheinbar Unmöglichen

Das Mögliche zu machen

Glücklich leben

Glücklich derjenige,

der es vermag,

seine Träume zu schätzen.

Glücklicher derjenige,

der sie im Alltag zu leben versteht!

Beflügelt

Wer sagt

Dass mir

Zum Fliegen

Flügel fehlen

Mein Geist

Ist beflügelt

Jederzeit

Und überall

Hinzugelangen

Im freien Fluge

Meiner grenzenlosen

Phantasie

Entgegen aller Vernunft …

… Und aufgehoben

Die physikalischen Gesetze der Trägheit

Fliege ich hoch in die Lüfte

In milden Sommerwinden schwebend

Hoch empor dem Himmel entgegen

An der Sonne wärmend

Wohlig trautes Licht empfangend

Im Traume meiner Phantasie

Mit grenzenloser Unvernunft

Und unverschämter Zuversicht

Für eine Nacht

Die unendlich erscheint

Und doch bald enden wird

Mit einem süßen Nachgeschmack

Jugend

Im Taumel der Zeit

Das Alter verloren

Aufwallendes Leben

Gefühl von Unendlichkeit

Und voller Kraft

Fließend ohne Grenzen

Und ohne zu fragen

Nach dem *Warum*

Leicht ein Blatt

Leicht ein Blatt
Weht im Winde daher
Und ich wünscht
Dass ich es wär
So leicht und frei
Fliegt es einfach dahin
Und ich fühle jetzt
Dass ich es bin

Kommt mein Schmerz
Bin ich es auch
Spür ihn nah
In Kopf, Herz oder Bauch
Ich weiß jedoch
Er bringt mich nicht um
Spür einfach hinein
Und atme und summ

Trauer kommt
Und Trauer vergeht
Ich lasse sie zu
Bald vom Winde verweht
Auch meine Tränen
Sie dürfen ruhig sein
So bin ich ganz bei mir
Und fühl mich all-eins

Auch die Freud
Sie ist lebendig da
Ich spür sie in mir
Sie ist mir sehr nah
Und gibt mir Kraft
Und viel Energie
Das Leben ist schön
Und frage nicht wie

Leicht ein Blatt
Weht im Winde daher
Und ich wünscht
Dass ich es wär
So leicht und frei
Fliegt es einfach dahin
Ich fühl noch immer
Dass ich es bin

Produktiv

Ich habe mir erlaubt

Produktiv zu sein

Als mich keiner

Und nichts störte

Heute Nacht

Tief schlafend

Im Traum

II.

Sich vom Leben tragen lassen

Sich vom Leben tragen lassen

Ein Tausendfüßler, der gelassen seines Weges daherging,

wurde einmal gefragt,

weshalb er, trotz seiner vielen Füße, nicht stolpere.

Darauf antwortete er:

„Weil mich das bislang noch keiner gefragt hat",

schüttelte nachdenklich den Kopf und geriet ins Stolpern!

So ist das auch mit unserem Leben:

Je mehr wir darüber nachsinnen,

desto mehr geraten wir ins Straucheln,

statt sich vom Leben selbst tragen zu lassen

und ihm voll zu vertrauen!

Immer wieder aufs Neue

Im Grunde genommen

ist alles schon da,

was jeder zu seinem

Glück braucht!

Entscheidend dabei

ist jedoch,

es in sich selbst

immer wieder aufs Neue

zu entdecken,

wahrzunehmen

und in Dankbarkeit

anzunehmen!

Glücklich

Wirklich glücklich
sind wir nicht über das,
was wir besitzen,
sondern
durch das Gefühl,
auch ohne Besitz
im Leben
allein durch innere
sinngebende Haltung
erfüllt zu sein.

Bekenntnis

Ich bin Rentner von vorn

und rentneR von hinten,

wie man's auch dreht,

rundum RentneR

und im Kern doch mehr.

Corona – ein Steinkreis

(Widmung an meinen Freund Jörn)

Ganz ruhig und still am Vater Rhein
Nicht auffällig groß, nein eher klein
Lagen sie einfach verwaschen umher
Sieben Steine, nicht einer mehr

Sie lagen im Kreis ganz still und stumm
Mit einem in der Mitte, die anderen drum rum
Und als ich sie sah so geordnet im Sand
Da ratterte es in meinem Verstand:

Was will der Steinkreis mir hiermit sagen
Deutet er auf weitere menschliche Plagen
Oder liegt er einfach zufällig so da
Und wenn, warum wie eine Corona

Doch dieser Begriff ist heut' schon besetzt
Ein Kreis mit diesem Namen fast wie verhext
Drum nenn ich die Steine, was sie halt sind
Ein Steinkreis im Sande, umflüstert vom Wind

Lichtblicke

Stockdunkel

Orientierungslos suchend

Für einen Moment

Zeitschaltuhren lassen Lampen erstrahlen

Lichtblicke

Wie Licht und Dunkelheit

Der Tod gehört

Zum Leben

Wie die Dunkelheit

Zum Licht

Das Eine

Verdankt seine Existenz

Dem jeweils Anderen

Und lässt sich

Dadurch erst

In seiner Ganzheit

Voll begreifen

Wandel

Leben und Tod
Beständiger Wandel
Auf Erden
Ein Kommen und Gehen
Ein ewiges Werden

Seelentempo

Die Seele geht zu Fuß
und nicht bei Fuß!
Dies zu verwechseln
wäre katastrophal!

Fort-Schritt

Auch auf die Nase fallen

ist oft ein Fort-Schritt

oder erst einmal

ein Schritt nach vorn,

wenngleich

häufig verbunden

mit Schmerzen!

Fehlermachen erwünscht

Aus Fehlern (so der Volksmund) wird man klug.
Deshalb ist ein Fehler nicht genug!

Denn wer sich selbst erlaubt, Fehler einzugestehen,
erlaubt stillschweigend, sich als ganzer Mensch zu sehen!

Deshalb ist Fehlermachen erwünscht
und nicht nur erlaubt,
wenn man an Erkenntnissen aus Fehlern glaubt.

Haben wir also den Mut, Fehler zu machen,
mehr noch:
dabei über uns selber kräftig zu lachen!

Erfahrung

Oft liegt

das Starke im Leben

genau dort,

wo wir im ersten Augenblick

Schwäche vermuten.

Mut zur Lücke

Wer lediglich

die Löcher im Käse

sieht,

der verkennt,

dass diese ihre Existenz

allein

dem Käse verdanken!

Haben wir ruhig

Mut zur Lücke,

die uns zeigt,

dass wir

Substanz besitzen!

Verluste – eine Lebens Sichtweise

Verluste ermöglichen uns
nicht nur die Sicht auf das,
was wir bisher hatten,
sondern auch auf das,
was wir bisher
oder überhaupt haben.
Diese Sicht
auf die Dialektik des Lebens
lässt uns getrost leben,
ja auf die Zukunft,
wie sie uns gegeben ist,
mit Zuversicht und Hoffnung blicken!

Erkenntnis

Über einen Zaun

Zu schauen

Ermöglicht einen Teil

Des Erkennens

Über ihn zu springen

Einen weiteren

Aus anderer Perspektive

Ihn jedoch einzureißen

Allseitige Erkenntnis

Perspektivwechsel

Der Perspektivwechsel vermag uns

plötzlich Dinge sehen zu lassen,

die zuvor im Schatten standen

und darauf nur warteten,

ent–deckt zu werden.

Alles, was wir dazu brauchen,

ist Bewegung – die eigene Bewegung,

sowohl die innere

als auch die äußere,

um über den eigenen Horizont

hinauszuwachsen!

Lösungen

Durch die innere Haltung,

Probleme

gleichsam auch

als Herausforderungen

anzusehen,

auch wenn diese

nicht sofort erkennbar sind,

ist die damit verbundene Perspektive

auf Veränderung im guten Sinne

gerichtet,

die dem Gefühl von

Zuversicht und Sicherheit

und der

dafür erforderlichen Gelassenheit

auf dem Wege dorthin

Kraft verleiht,

die Lösungen

ermöglicht!

Ein-Sicht

Beachte das Kleine

Entdecke darin das Große

Denn alles ist in allem enthalten

Es kommt lediglich darauf an

Wie du siehst und begreifst

Veränderung

Veränderung ist das Einzige

Worauf ich mich stets

Wirklich verlassen kann

Und sie beginnt in dem Augenblick

Für mich positiv zu wirken

Wenn ich sie ohne Wenn und Aber

In mir zulasse und annehme

Mehr noch:

Sie als ständige Lebensbegleiterin

In meiner tief verwurzelten Zuversicht

Des Wandels durch Veränderung

Herzlich willkommen heiße

Optimismus

Optimismus ist die Fähigkeit

Hinter den Wolken

Schon die Sonne

Zu sehen

Mehr noch:

Ihre warmen Strahlen

Schon zu spüren

Und zu genießen

Muss und Muße

Glücklich der Mensch,

der für sich erkennt,

dass

Muss und Muße

Nichts

voneinander trennt!

Ohne Wurzeln …

Ohne das Wissen
um die eigene Herkunft
gibt es keine Be-Deutung
für die Gegenwart
und keine Kraft und Vision
zur Gestaltung der eigenen Zukunft.
Denn ohne Wurzeln keine Flügel!

Schlüsselentdeckung zum Wachsen

Mein Wissen über die Entwicklung der Persönlichkeit

lässt sich kurz in der Erfahrung zusammenfassen,

dass Menschen zunehmend beginnen zu wachsen,

wenn sie ihre ureigenen schöpferischen Kräfte in sich selbst

wahrnehmen, ent-decken und erkennen

über engen Kontakt mit sich

und im Bewusstsein

ihrer Selbstakzeptanz,

ihres Selbstvertrauens,

ihrer Selbstliebe,

ihres Selbstwerts,

ihres Bodens unter den Füßen!

Die Einteilung der Zeit

Die von Menschen geschaffene

Einteilung der Zeit

in Vergangenheit, Gegenwart und Zukunft

hat nichts mit der Realität zu tun,

sondern ist lediglich

ein Konstrukt menschlichen Denkens,

das versucht,

sich in der eigenen Welt

und der der anderen

Orientierung zu geben,

um sich darin

zurechtzufinden!

Zeit – Eine Illusion

Wäre uns die Zeit

Ständig als Illusion bewusst

Welche Freiheit würde uns

Dadurch eröffnet

Mit der Aussicht

Auf Ewigkeit

Wer zählt schon die Zeit

Die Blätter der Bäume
Zeichen des Lebens
Wachsen, entfalten sich und welken
Und welken hin zu Humus –
Beginn neuen Lebens

Wer zählt schon
Die Zeit
In der Ewigkeit?

Das Zwitschern der Vögel
Laute des Lebens
Tönen, berühren und verhallen –
Und verhallen endlos
In den Strömen der Lüfte

Wer zählt schon
Die Zeit
In der Ewigkeit?

Der Atem des Lebens
Kommt, erfüllt und geht –
Und geht auf in den
Atem der Unendlichkeit

Wer zählt schon
Die Zeit
In der Ewigkeit?

Fluss der Zeit
Zeitloses Selbst
Stehender Augenblick –
All-einiges Erleben
Im unendlichen Sein

Reflexion

Jeder Gedanke:

Teil der universalen Energie

Die ewig ist

Und ewig sein wird

Jeder von uns:

Entstanden aus

Staubteilen von Sternen

Des unendlichen Universums

Jede unserer Sehnsüchte:

Teil der großen Sehnsucht

Nach Berührung und Vereinigung

Mit dem All-Umfassenden

Aus dem alles kommt

Und wieder zurückfindet

III.

All-eins sein

All-eins sein

All-eins sein
im und mit dem Wandel der Zeit

Leben
im Rhythmus seiner inneren wie äußeren Welt

Spüren und Genießen
der eigenen Lebensenergie, Kraft und Lebensfülle

Annehmen
sich und alle anderen
in Geduld, Achtsamkeit und Dankbarkeit

Ge-lassen

Achtsame Leere

Atemzug um Atemzug

Nichts kann mich stören

Sein

Atmen

Zur Ruhe kommen

Innehalten

Sich ganz spüren

Innen wie außen

Es ist ein Raum

Jenseits von richtig und falsch

Sein – einfach sein

Besinnungspause

Rückzug als Einkehr
Innehalten statt betriebsames Spektakel
Ruhe statt hektischer Lärm
Wiederentdecken des eigenen, inneren Reichtums
Kontakt mit sich selbst
Mitgefühl für andere
und Solidarität mit anderen
nicht nur als gemeinsame Schicksalsfrage
Alles ist da, nichts ist entschwunden
Scheinbar weniger, jedoch gefühlt mehr
Atmen – tief und sich endlich nah
Leben und Erleben in einer Besinnungspause

Augenblickserleben

Dieser Augenblick ist alles,

was ich habe,

ein kurzer Moment

des Bewusstseins

über den Augenblick des Lebens

im Fluss der Zeit

des zeitlosen Selbst

all eins mit Zeit und Raum

im Hier und Jetzt

Stille

In-sich sein

Erleben im Einklang

Herz und Geist vereint

Dankbarkeit

Hier und jetzt leben

Nicht mein ist die Zeit

Die schon vergangen

Nicht mein ist die Zeit

Die noch kommen wird

Mein ist der Augenblick

Ohne ihn zu verlangen

So wie des Lebens Freude

In mir stets neu geboren wird

Zwischen gestern und morgen

Was nützt es,

wenn du an der Vergangenheit

klebst

und von der Zukunft

schwärmst?

Beides hindert dich daran,

dass du lebst,

ja wirklich lebst:

von Augenblick zu Augenblick!

Mitten drin

Zwischen Kommen und Gehen

Zwischen zwei Stühlen

Zwischen Mahlzeiten

Zwischen Gesprächen

Zwischen Ent-Scheidungen

Zwischen warm und kalt

Zwischen ja und nein

Zwischen zwei Welten

Zwischen dir und mir

Zwischendurch

Und Zwischendrin

Zwischenzeitlich

Das pure Leben

Immer mitten drin

Im Augenblick

Jetzt

Inmitten beider Zeiten

Wie ein Schneeball

In einer warmen Hand

Geschmolzen

So ist für mich

Die Zeit zerronnen

Wie ein neuer Tag

Mit Vogelgesang beginnt

Wird für mich

Die weitere Zeit noch kommen

Inmitten beider Zeiten

Genieße ich den Augenblick

Und bin vom Duft der Rosen

Noch ganz und gar benommen

Sorge dich nicht …

… Geh einfach los

Innerlich wie äußerlich

Und folge der

Dir tief im Inneren

Vertrauten Stimme

Deines Herzens

Auf dem Weg

Zu deinem Ziel:

Zu dir selbst!

Achtsam und behutsam

Nicht alles

Was erlaubt ist

Ist auch gut

Und nicht alles

Was gut ist

Ist auch erlaubt

Sei deshalb achtsam und behutsam

Mit dir selbst

Sowie mit deinen Mitmenschen

Und folge dabei stets

Der Stimme deines Herzens

Vertraue deinem Leben

Und lebe dein Vertrauen

In der Zuversicht

Dass es auf dich selbst

Und auf andere

Wirkt

Und weitergereicht wird

Einfach sein

Statt mich vor Sorgen zu verzehren
Suchte ich die Weite
Und am Strande des Flusses
Stimmte ich mich ganz
In das gleichmäßige Plätschern der Wellen ein
Unter meinen Füßen spürte ich den Sand

Frei und vollkommen lebendig
Wie das Wasser des Flusses
Aus dem wir erwachsen
Und deshalb mit ihm aufs Innigste verbunden sind

Sorgen in den Strom gespült
Ganz das Hier und Jetzt gefühlt
Einfach sein

Glück auf Erden

Stille statt Getöse
Liebe statt Hass
Frieden statt Krieg
Selbst Segen sein
Für sich und andere
Das nenne ich:
Das Glück auf Erden

Eines schönen Morgens …

… als die Sonne mit ihren warmen Strahlen
die vor unserem Hause
majestätisch hochgewachsenen Platanen
in aller Bescheidenheit und Sanftmut streichelte,
stand ich am Fenster meines Zimmers
und erblickte einen kleinen Vogel
in einem jener Bäume still in sich verharrend.
Und in jenen goldgelben Strahlen
des morgendlichen Sonnenscheins
– so mein unmittelbares Gefühl –
waren wir in aller Stille eingetaucht,
als spürten wir unsere Einheit
genau in diesem Augenblick:
der Baum, der Vogel und ich.

Der Klingelton der Türglocke
riss mich jäh aus dieser Empfindung
der Stimmigkeit heraus.
Und doch hatte ich danach noch das Gefühl,
etwas Tieferes erfahren und begriffen zu haben,
was in der Stille und im Einklang mit sich
und allen anderen Geschöpfen dieser Welt
scheinbar verborgen ist,
jedoch stets bewusst erlebt werden kann:
All-eins-sein mit sich und der ganzen Welt!

Manchmal gibt es Zeiten

Manchmal gibt es Zeiten

In denen sich meine Seele

Über meine Gedanken

Und über meine Worte

Nach außen

bewegt

Zeiten

In denen ich tiefe Berührung

Mit mir

Und mit der ganzen Welt

verspüre

Zeiten

In denen ich einfach

Geschehen lasse

Und jeden Augenblick

Mit Achtsamkeit und Dankbarkeit

genieße

Alles in Einem

Alles in Einem – Eines in Allem

Wie sinnlos erscheint dann

das Beharren und Festhalten!

Stürme des Lebens

Die Stürme des Lebens
sind nicht immer zu erahnen
und kommen manchmal
unverhofft!
Es ist jedoch beruhigend
zu wissen,
dass sie einen Anfang
und auch ein Ende haben,
und die Erde sich dabei
von ihnen unberührt
weiterdreht!
Ein gutes Fundament,
diese Stürme kommen
und gehen zu lassen,
sehe, spüre, ja er-lebe ich
in Glaube, Hoffnung, Liebe!
Und die Liebe hält jeden Sturm aus,
weil sie ihn
annimmt,
ihn akzeptiert,
ihn einfach (zu-)lässt!

Art of Aging anstatt Anti-Aging

Aus jung wird älter
und aus älter wird alt?
Wo doch der Komparativ
von alt gleich älter ist!

So schaffen wir selbst
eine verzerrte Begrifflichkeit,
die selbsttäuschend tief
in unser Bewusstsein fließt.

Wer alt ist, wird eher älter,
Doch jünger wird er sicher nicht.
Die Kunst ist, Altern erfüllt und gelassen leben,
nur so bekommt das Alter ein Gesicht!

Zwischen Stern und Kreuz

Der Leere unendlicher Blick

Der Stille waltender Ton

Im ewigen Sein des Geschehens

Von Kommen und Gehen –

Tausende Male geboren

Tausende Male gestorben

Im Er-Leben

Zwischen Stern und Kreuz

Um sich zu begegnen

Und zu finden

Im Glück des All-Eins-Seins

IV.

Innere Schätze

Innere Schätze

Erst wenn du

Deine eigenen Schätze

In dir

Zu erkennen

Vermagst

Wirst du begreifen

Dass dein Glück

Letztendlich

Nicht mehr

Von äußeren Dingen

Abhängt

Du selbst

Was für ein Mensch du bist

Offenbart sich

Nicht zuletzt darin

Wie du mit dir selbst umgehst

Denn alles

Was du wirklich besitzt

Bist du dir selbst – und das ganz!

Selbst-Erkenntnis

Sich selbst

Zu erkennen

Ist letztendlich

Der Sinn

Aller

Begegnungen

Berührungen

Und

Allen Begreifens

(Bretagne im Sommer 1997
mit Blick auf die unendliche Weite des Atlantiks)

Einkehr

Grau der Tag
In sich gekehrt
Stimmen verblasst
Bewegungen ruhn
Kein Wind
An den Bäumen zerrt

Den eigenen Blick
Tief nach innen gewandt
Kontakt mit sich selbst
Dem vertrauten Freund
Dabei des Lebens Fülle
In sich erkannt

Innere Heimat

Die tief in dir
wahrnehmbare, persönliche Heimat
vermag dir vielleicht das Gefühl
von Halt, Sicherheit und Mut
zu geben,
sie immer wieder neu zu (er-)finden
und so auch
dem Fremden und Unbekannten
vor allem in dir
mit einer gewissen Portion
von Gelassenheit, Neugier und Humor
zu begegnen.

Bei sich sein

Seit ich gelernt habe

Bei mir zu bleiben

Verliere ich mich

Nicht mehr so schnell

Im hektischen

Großstadttreiben

Selbst(ver)trauen

Mich zu lieben
So wie ich bin
Bedeutet für mich
Mich zu kennen.

Mich zu kennen
So wie ich bin
Bedeutet für mich
Über mich zu wissen.

Über mich zu wissen
So wie ich bin
Bedeutet für mich
Mir selbst zu begegnen.

Mir selbst zu begegnen
So wie ich bin
Bedeutet für mich
Mich so anzunehmen
So wie ich bin.

Mich so anzunehmen
So wie ich bin
Bedeutet für mich
Allein meinem Herzen
Zu vertrauen und zu folgen.

Wenn ich annehme …

… Dass mir nicht alles gelingen muss

Was ich mir vorstelle

Dass Fehler unvermeidlich sind

Wenn ich Neues wage

Dass ich meine Meinung sagen darf

Auch wenn sie andern nicht gefällt

Dass mein Gefühl ein guter Signalgeber ist

Um mich zu öffnen oder zu schützen

Dass ich mich vom inneren Druck befreie

Wenn ich auch mal Tränen fließen lasse

Dass ich meinem Herzen mehr trauen kann

Statt tausend gutgemeinter Rat-Schläge

Dass ich auch mal ver-rückt sein darf

Um mich nicht in der Normalität des Normativen

zu verlieren

Dann bin ich eins, wirklich eins:

Mensch, auf dem Weg zu mir selbst!

Gegen den Strom

Gegen den Strom
zu schwimmen
setzt voraus,
offen und ehrlich
seinen ganzen Mut
einzusetzen,
zuvorderst
gegenüber sich selbst,
um sich
im Soge des Stroms
selbst
nicht zu verlieren!

Deal

Lass uns gegenseitig

Vertrauen schenken

Denn gekauft

Hat es für mich

Keinen Wert

Danksagung

Jeden Tag habe ich die Möglichkeit

Dir aufs Neue zu begegnen

Und dabei durch dich

Mich weiter und tiefer

Zu entdecken

Gleichsam ein Spiegel

Den du mir

Durch dein Verhalten

Das mich berührt

Entgegenhältst

In den ich schaue

Und mich dabei

Mit meinen Schattenseiten

Erblicke

Die ich auf dem Wege zu mir

Ohne dich

Nicht vermag

Zu erfassen

Und mich mit ihnen

Restlos zu versöhnen

Um ganz zu werden

Gott sei Dank …

… dass ich dir gestern begegnet bin,

als ich nicht mehr weiter wusste.

Dass ich mich öffnen konnte,

als mich dein Lächeln berührte.

Dass ich dich nah bei mir spürte,

als ich einen starken Arm

um meine Schultern brauchte.

Dass ich nun wieder am Leben teilnehme,

als ich mich schon ganz unten fühlte.

Dass mir meine Lebensfülle bewusst wurde,

als ich um mich herum wieder Licht und Farben sah.

Dass ich anderen Menschen auch mit meinem Lächeln

in Achtsamkeit und mit Mitgefühl begegnen kann

und mir dabei immer wieder selbst begegne.

Gott sei Dank für diesen Augenblick,

der mir meine Augen und mein Herz öffnete,

um das All-Eins-Sein in mir und um mich herum

zu erkennen, zu begreifen und zu würdigen.

Gott sei Dank,

dass ich mich fallen lassen darf ohne zu stürzen,

was mich gelassener werden lässt!

Selbstentdeckung

Meine Erfahrung im Leben

Ist die

Dass ich Menschen

Nichts lehren kann

Wohl jedoch

Ihnen behilflich

Sein kann

Ihre Schätze und Stärken

In sich selbst

Zu entdecken

Und zu nutzen

Wunder

Ein Fisch, der schreit,
ein Huhn, das bellt,
das wäre ein Wunder
auf dieser Welt.

Ein Baum, der läuft,
eine Wolke, die fällt,
auch das wäre ein Wunder
auf dieser Welt.

Ein Mensch, wie du,
sich dem Leben stellt,
du bist ein Wunder
auf dieser Welt!

V.

Liebe ist alles

Liebe ist alles

Wenn ich meinem Leben Leichtigkeit verschaffe,
indem ich mein Herz wieder zum Lachen bringe,
und all das, was mich bislang bedrückte,
loslasse und verzeihe,
zuerst mir selbst gegenüber
und mit mir auch all meine Zweifel und Ängste,
meine Narben aus alten Verletzungen
liebevoll mit dem Balsam der Herzensgüte
und der Gnade der Erkenntnis
behutsam pflege,
dann ist statt Wut, Verzweiflung und Angst
nur Liebe in meinem Leben.
Denn Liebe ist die beste Medizin!
Denn Liebe ist alles!

Die Liebe

Die größte
Und schöpferisch
Wirksamste Kraft
In uns
Ist die Liebe
Spürbar
In ihrer
Sanften
Und freien Weise
Von Lösungen
Des scheinbar
Unlösbaren

Sie besitzen
Zu wollen
Bedeutet
Sie in sich selbst
Zu zerstören
Denn die Liebe
Kennt weder
Grenzen
Noch Schranken
Mit ihr
Geht die Freiheit
Einher
Aus der sie
Erwächst
Und von der
Sie lebt!

Liebend leben

Lust auf Laufen

Lust auf Leben

Lust auf Lieben

Lust auf Lachen

Lacht das Leben

Lebt die Liebe

Liebt das Leben

Laufend lachend

Liebend leben

Loslassen

Liebe

Lange

Lustvoll

Laut

Lachend

Leibhaftig

Lüsternd

Lechzend

Leicht

Locker

Lebendig

Lernen

Loszulassen

Liebevolle Annahme

Liebevolle Taten

sind Resultat liebevoller Beziehungen.

Liebevolle Beziehungen

sind Resultat liebevoller Gedanken.

Liebevolle Gedanken

sind Resultat liebevoller Annahme.

Liebevolle Annahme

beginnt bei sich selbst,

bevor sie andere berührt!

Ich liebe dich

Ich liebe dich
Ich lieb dich nicht
Ich liebe dich
Ich lieb dich nicht
Ich lieb mich nun
Und dich jetzt auch

Jeder Vergleich hinkt

Der Optimist vergleicht sich
in der Regel gern mit Menschen,
denen es schlechter geht als ihm.

Der Pessimist vergleicht sich
in der Regel gern mit Menschen,
denen es besser geht als ihm.

Du siehst, jeder Vergleich hinkt,
ist und bleibt eine Konstruktion
des eigenen Denkens!

Erst wenn ich mich so annehme,
in allem wer, wie und was ich bin,
machen Vergleiche keinen Sinn mehr!

Denn die Annahme seiner selbst
ist zugleich unmittelbare Liebe
zu sich und zu allen anderen.

Denn Liebe kennt keine Vergleiche!
Sie ist in ihrem Wesen bedingungslos:
Annahme und Hingabe zugleich!

Die Ehe

Die Ehe ist

Kein sicherer Hafen

Sondern

Ein bewegtes Meer

Mit Ebbe und Flut

In dessen

Seichten Wellen

Wir uns

Immer wieder wiegen

Nach stürmischer See

Es gibt viele Ausdrucksweisen

von Liebe …

Ein freundliches Lächeln

Eine liebevolle Umarmung

Ganz da sein beim Andern

Zuhören, einfach nur zuhören

Wertschätzende Worte

Gemeinsames Innehalten und Erleben

Seines und des andern

Herzschlags

Im Trubel des Alltags

Öffnen

Dich

Mit anderen Augen

Zu sehen

Bedeutet mir

Auch dein

Mir zuvor

Verborgenes Lächeln

Zu erblicken

Das mich bewegt

Dir neu zu begegnen

Und mein Herz zu öffnen

Wie Salz in der Suppe

Dein Lächeln

Ist wie Salz in der Suppe

Das den Geschmack

Verzaubert

Und alles

Köstlich und genussvoll

Erleben lässt

Ich danke dir dafür

Mit meinem Lächeln

Und wünsche mir

Dass es dich erreicht

Damit unser beider Lächeln

Unsere Herzen zart berühren

Und zum Schwingen bringen

Zart und nah

Manchmal,
so empfinde ich,
sind manche Augenblicke einzigartig.

Manchmal,
so fühle ich,
ist mir jemand ganz nah.

Manchmal,
so spüre ich,
gehen mir Worte über die Lippen,
die dich erreichen sollen,
so, wie deine mich in liebevoller Weise
zart berühren.

Liebe

Entrückt sein

Herzen voll Feuer

Im Lichte der Sonne

Entflammt

VI.
Berührung

Berührung

Die zarte und weiche Haut

Deiner warmen

Mit Leben gefüllten Lippen

Berührungen

Für einen kurzen Augenblick

Und doch auch

Mit der Ewigkeit

Der Liebe

In der Alltäglichkeit

Unseres Alltags

Zwischen Tür und Angel

Ein Blick

Ein Lächeln

Ein Verstehen

Ohne Worte

Einfach

Aus sich selbst heraus

In aller Stille

Zart berührend

Und verbindend

Begehren

Streichle zärtlich meine Brüste
Küsse mich am ganzen Leib
Dich begehr ich mit Gelüste
Abstreifen werd' ich für uns mein Kleid

Komm in meine Arm' mein Lieber
Berühren will ich dich von Kopf bis Fuß
Und im heißen Wolllustfieber
Verstaubte Regeln brechen mit Genuss

Salz auf deinem Körper möchte ich schmecken
Spüren deinen Atem heiß
In uns alle Geister wecken
Riechen deinen geilen Schweiß

Alle Sinne will ich leben
Dich ganz spür'n mir so nah
Innerlich mit dir erbeben
Ja, vereint wie Haut und Haar

Alsdann möchte ich mit dir zusammenliegen
Glücklich ermattet von der Liebeslust
Mich in deine Arme wiegen
Schlummern an deiner warmen Brust

Lockende Leidenschaft

Mich lockt, bewegt, ja drängt es innerlich
Deinen einladend roten Erdbeermund zu küssen
Schon voll Sehnsucht sehe, spüre, genieße ich
Unsere zarten Berührungen von Kopf bis zu den Füssen

Meine Zunge wird die deinige finden und sie umgarnen
Deine Zunge wird die meinige umtänzeln und heiß erregen
In hemmungsloser Begierde werden wir uns voll Lust umarmen
Und von dort aus wird es für uns kein Zurück mehr geben

Unser Boot der grenzenlosen Liebe kennt keinen Steuermann
Nur den zarten Wind, der uns gemeinsam Wonne in Freiheit erleben lässt
Du und ich, ja wir beide in einem unendlich wogenden Wahn
Mitten in einem bunten Regenbogen unser himmlisches Nest

Sehnendes Verlangen

Flüstern möchte ich

Dir ins Ohr

Zärtliche Worte

Der Leidenschaft

Deinen Körpergeruch

In mich aufsaugen

Und deine

Mir vertraute Wärme

Verspüren

Doch ich bin

Heute allein

Und lebe momentan

Von den Gefühlen

Und Bildern

Unserer Beziehung

Lebensskulptur

Der Tanz deines Körpers

Im Rhythmus deiner Zeit

Die Farben deiner Wirklichkeit

Im Grau des Alltags

Der Klang deiner Melodie

Im Getöse des Windes

Erleben im Leben deiner Welt

Während des Flügelschlags

Einer Möwe

In der Weite der Lüfte

Augen - Blicke

Nur eine kurze Zeit

Gleich ist sie Erinnerung

Ein Teil von dir

Berührungen für Sekunden

Augen-Blicke voller Leidenschaft

Spiegel-Reflexe im Auto

Im Dickicht des Verkehrs

Und schon im nächsten Moment

Aufgesogen vom Strom der Straße

Was bleibt:

Meine Phantasien über dich

Meine Gefühle für dich

Und mein Bild von dir

Über unsere Augen-Blicke hinaus

Haarscharf vorbei

Beinahe-Crash mit einer Radfahrerin

Ein Windstoß trifft mich und zugleich

Ein Schwall betörenden Parfüms

Ich fühl mich augenblicklich ausgeknockt

Doch rettet mich blitzschnell und kühn

Ein gewagter Sprung retour ins Treppenhaus

Zugleich bemerk ich verblüfft und stumm

Was da an mir in einem Husch vorüber flitzt

Das haut mich förmlich um!

Ein lächelnder Mund entgegnet mir:

„Huch, entschuldigen Sie!"

Das nenne ich Contenance par excellence

So etwas erlebte ich bisher noch nie!

Auto-Erotik

Wunderbar weich ist meine Haut

Wenn ich sie zart berühre

Sie mit meinen Händen liebevoll verführe

Die nicht ruhn

Wohlwissend was sie tun

Von Kopf bis Fuß

Ein prickelnd-feiner Hochgenuss

VII.

Gebrochen

Gebrochen

Autopsie-Bericht:

Er war hart

In seinem Leben

Und hatte alles

Vor allem sich selbst

Fest im Griff

Nur ein Stückchen Brot

Sie bettelte in der Kälte

Um ein paar Cent

Um ein Stückchen Brot

Um ein bisschen Wärme

Um ein kleines Lächeln

Mehr nicht!

Und wurde

Von Leuten

Ignoriert

Diffamiert

Verachtet

Angepöbelt

Ausgeschimpft

Angespuckt

Angegriffen

Verletzt

Und blutend

Liegen gelassen

Als sie nichtsahnend

Ein dumpfer Schlag

Mitten in ihr

Angsterfülltes

Ausgemergeltes

Nach Hilfe schreiendes Gesicht

Mit voller Wucht traf

Liegen gelassen

Auf dem Boden

Ignoriert

Einfach ignoriert

Als wäre sie nichts

Dabei bat sie nur

Um ein paar Cent

Um ein Stückchen Brot

Um ein bisschen Wärme

Um ein kleines Lächeln

Um mehr nicht!

Und bedachte

In ihrem Elend nicht

Dass der Krieg

Vermeintlich fern ab von ihr

Auch hier stattfindet

In der sogenannten westlichen Zivilisation

Mitten unter uns

Den Menschen

Den Mit-Menschen gegen Menschen

Gegen Brüder und Schwestern

Gegen uns alle!

Und nicht beendet werden kann

Wenn keiner den Mut aufbringt

Seine Stimme zu erheben

Und laut herausschreit

„Nicht in meinem Namen!

Denn auch sie ist meine Schwester

Und auch deine!

Und ich lasse es nicht zu

Dass so etwas passiert!

Gegen meine Schwester

Gegen unsere Schwester

Gegen uns alle!

Niemals!!!"

Allein gelassen

(Gedanken an unsere obdachlosen Brüder und Schwestern)

Stille, vollkommene Stille

Ausgestorben die Stadt

Leere Straßen überall

In Zeiten der Corona-Krise

Kein Mensch geht vorbei

Keine vertrauten Gesichter mehr

Zulächeln – nein!

Zwiegespräche – nein!

Etwas Kleingeld – nein!

Einen heißen Kaffee – nein!

Eine Fluppe – nein!

Kälte und Einsamkeit – ja!

Sich vollkommen verloren fühlen – ja!

Verdammt scheiß Ängste – ja!

Sehnsucht nach Wärme und Geborgenheit – ja!

Vermissen von Menschlichkeit – ja!

Dich spüren, Bruder und Schwester – ja, ja, ja!

Ich schrei es hinaus und hoffe auf offene Ohren

Und auf eine Welt

In der die Kluft zwischen Arm und Reich

Entrechtete und Mächtige endlich aufgehoben ist

Und keinen mehr zurücklässt

Mich nicht!

Dich nicht!

Uns alle nicht!

Feuerpause

Der Himmel strahlend blau

Die Luft kühl und klar

Die Stille unerträglich

Die Angst noch tief in den Knochen

Die vielen verstörenden Fragen im Kopf

Wann sind die Kampfflugzeuge wieder da

Wann fallen die nächsten Bomben

Wann wüten wieder die infernalischen Feuerstürme

Wann rattern wieder die Maschinengewehre …

Doch es ist jetzt Feuerpause – für einen Moment

Verstaubt und blutverschmiert

Weiter hastig und verängstigt auf Suche nach Leben

In den Ruinen – nur Schutt und Asche

Kein Frieden

Lediglich eine „humanitäre" Feuerpause

In der Stille des strahlend blauen Himmels

Und die Luft bleibt kühl und klar

Ein flüchtiger Kuss

Er

Hastige Blicke

Ein flüchtiger Kuss

Eilige Schritte – nur weg

Möglichst schnell weg

Weit weg

Bevor es zu spät ist!

Aber, wohin in Zeiten wie diesen

Die keinen Halt versprechen

Keine Garantie auf Schutz und Geborgenheit?

Abschied ohne Gewissheit auf Rückkehr

Und kaum Hoffnung

Die jemals wiederzusehen

Die nicht mitfliehen konnten.

Die Erinnerung – sie flieht mit:

Der letzte Blick

Das verbindende Gefühl

Der vertrauten Wärme auf den Lippen

Jedoch diesmal vermischt mit Tränen

Und einem salzigen Beigeschmack

Beim Abschied voneinander –

Abschied für immer?

Rassismus ist Selbsthass

Folge ich der Systemischen Sichtweise

eines voneinander abhängigen Wechselgeschehens,

so wird Rassismus auch die Täter nicht unbeschadet lassen.

Denn Rassismus ist auch Kampf gegen sich selbst,

der die diesem menschenverachtenden Wahnsinn Verfallenen

blind macht gegenüber Menschlichkeit

und Respekt anderen gegenüber.

Eigene Haltung webt sich hinein

in jede zwischenmenschliche Beziehung

und wirkt direkt auf einen selbst zurück:

als Funken der Liebe oder Stachel des Hasses.

Liebe lässt wachsen und gedeihen!

Hass macht hingegen unversöhnlich

und zerstört,

letztendlich auch denjenigen,

der hasst,

und entzieht ihm den Boden,

zu lieben,

sich zu entwickeln

und zu wachsen!

Relativ friedlich

Ein Mensch, der unermüdlich
sich einredet, er sei relativ friedlich.

Er denkt, dass ich und du und wir
können koexistent leben überall und hier.

Und jeder könnt auf seine Weise
So leben, laut, ruhig oder leise.

Das nennt er genial und tolerant
und fühlt sich dabei sehr galant.

Doch irgendwann hat er das Summen satt
und schlägt die Fliege vor sich platt.

Und die Moral von der Geschicht',
relativ friedlich reicht bei Weitem nicht!

Sehnsucht

(1999 – 10 Jahre Mauerfall)

Reißt sie nieder

schrie die Stimme

der alten Frau

laut in die Nacht

Reißt sie nieder

höre ich jetzt noch

zitternden Herzens

ihre wütende Stimme

Reißt sie nieder

stimmten ihr mit Beifall

und voll Sehnsucht

abertausende Menschen zu

Reißt sie nieder

(so dachte ich im selben Augenblick)

auch die spaltende Mauer

in unseren Köpfen

In der Großstadt

Ein Heer von Menschen
durch Straßen schreitend,
durch Ich und Wir und Du.
Wer fragt schon
nach anderer Kummer und Leid?
Es bleibt die ewige Frage: Wozu?

Augen, sie blicken
doch schauen ganz leer.
Wer fragt in der Stadt schon warum?
Sie wirken auf mich
wie ein graues Meer:
unendlich, verschwommen
und stumm.

Auf der Schildergasse

Ströme von Menschen
Es geht nur voran
Bewegende Massen
Wo kommen sie an?

Ein ständiges Kommen
Ein endloses Gehen
Trotz Nähe – Distanz
Blicke nichts sehen

App-Solutismus-Rap

Meine Apps, deine Apps, unsere Apps ...

Sie sollen sein – sind sie sowieso, auch auf'm Klo und anderswo!

Sie sollen unseren Alltag bereichern!

Doch wir werden durch sie

ständig fremd inspiriert, überinformiert, infiltriert, analysiert, gedanklich poliert

und dabei gehörig angeschmiert!

Meine Apps, deine Apps, unsere Apps ...

Sie führen schon bald ein Eigenleben und das ohne unser Eigenstreben

– wart's app –

und wir irgendwann ein Leben im App-Solutismus

ganz im Modus „Automatismus"

So dass wir irgendwann nur noch

app-solvieren und app-solutieren!

Und nun app!

Es sei denn, ich bin kein D-app!

Konsumwelt

Sich leben lassen

bedeutet:

Schon seinen „Löffel" unbewusst

abgegeben haben

und andere über sich bestimmen lassen.

So ist das auch mit der Konsumwelt

um uns herum

(und leider in vielen Köpfen),

die den Eindruck vermitteln möchte,

wir würden uns über das,

was wir bräuchten,

frei entscheiden können.

Ich frage mich:

„Hat einer im Käfig sitzend

überhaupt eine Wahl

zu entscheiden,

herauszutreten,

wenn er die Gitterstäbe nicht einmal sieht?"

Wahre Tierfreunde

Erst mit dem Kaninchen schmusen,
dann Kaninchen in Rotweinsoße!

Erst das Pferd streicheln,
dann Rheinischer Sauerbraten!

Erst über Angler meckern,
dann Forelle Müllerin!

Wahre Tierfreunde haben eben
Tiere zum Fressen gern!

Ausgedörrt
Gedanken an den Sommer 2018

Noch immer anhaltend viel Sonne
Brütende Hitze im ganzen Land
Schweißtreibende Temperaturen
Auf nahe 40 Grad steigend
Hitzewelle noch unvermindert
Trockenperioden beginnen früher und halten länger an
Gefährdung der biologischen Vielfalt und Existenzen
Zerstörung der Lebensgrundlage von Mensch und Tier
Ja, der gesamten Natur

Normales Klimaphänomen, meinen die Ignoranten
Schwellenwert schon längst überschritten, meinen die Umweltkritiker

Trockene Luft – alles Feuchte aufgesaugt
Trockene Wiesen – soweit das Auge reicht
Trockene Kornfelder – in flimmernder Hitze
Trockene Böden – ausgedörrt und knochenhart
Trockene Blätter – zerbröselt auf dem Boden
Trockene Kehlen – dürstend nach Wasser
Trockenheit, Trockenheit, Trockenheit
Trockenstress überall –

Normales Klimaphänomen?
NEIN! – Unmittelbares Erleben
Mitten in der Klimakatastrophe
Und es wird sich noch drastischer auswirken
Als wir bisher annehmen können
Wenn wir nicht konsequent umdenken –

JETZT, SOFORT, EIGENTLICH SCHON GESTERN!

Ostern 2020 in Quarantäne

Wie leergefegt wirken Straßen und Wege
Keine Menschenseele weit und breit
Still, erschreckend still die Plätze
Wo zuvor Kinder lachten, plärrten, spielten
Kein geschäftiges Treiben mehr – nirgendwo

Unnatürliche Ruhe in der Luft
Wie ein Warten auf einen Tsunami
Alles wirkt leblos, wie ausgestorben
Der Drive des Alltags komplett heruntergefahren
Sogar die Uhren scheinen anders zu ticken

Busse und Bahnen sind fast menschenleer
Nur wenige Leute sind vereinzelt sitzend darin auszumachen
Mit großen Abständen, abgewandt und mit Mundschutzmasken
Als könnten gegenseitige Blicke schon ansteckend sein
Ein Veedel, eine Stadt, ein Land im Ausnahmezustand

Auf was hören, wenn jede Information auch Desinformation sein kann
Und wenn menschlicher Hochmut und Ignoranz zum Desaster verführen
Bleiben zumindest Glaube und Hoffnung,
demütig innezuhalten und sich davor zu schützen,
in Schockstarre oder Lethargie zu verfallen
Mehr noch:
Aus dem ökumenischen Osterglockengeläut
Mut, Kraft und Zuversicht herauszuhören,
für das Leben hier und überall!

Aus dem Corona-Alltag

Hausklingel ertönt
Mein Adrenalin-Spiegel steigt spürbar an
Denn, Postbote hechelt die Treppe hoch
Einkauf über online leicht gemacht
Wirklich leicht gemacht?

Graue Zellen in Vollbetrieb
Paket für mich oder für andere?
Für den Hausbewohner der zweiten Etage
Okay, ich nehme es entgegen
Mit Bedacht und räumlichem Abstand

Eine Armlänge meinerseits
Und eine Armlänge seinerseits
Ausreichender Sicherheitsabstand?
Ich weiß es nicht
Kenne nur die Länge meines Arms

Nun liegt es im Flur, das Paket
Desinfizieren – Paket und Hände
Puh, was für ein Mehr-Aufwand
Für eine ansonsten kurze Sache
Früher ein routinierter Vorgang

Sehne mich nach post-coronarer Zeit
Nach neuer Normalität
Normalität würde reichen!
Gibt's die irgendwann wieder?
Wer nicht hofft, hat schon verloren!

Nicht alles ist abgesagt!

Nicht die Freundlichkeit untereinander!
Nicht die Mitmenschlichkeit!
Nicht das Mitgefühl füreinander!
Nicht die Solidarität und Hilfsbereitschaft untereinander!
Nicht der Glaube an die eigene Kraft!
Nicht die Liebe unter den Menschen!
Gewiss, nicht alles ist abgesagt ...
... und gibt uns immer wieder Grund
zu hoffen auf bessere Zeiten!

Neues Normal

Post-coronar – wird es sobald nicht geben!?

Für viele Menschen ist jedenfalls Corona im Alltag nicht mehr Krise, sondern Routine, normale Routine, eben normal oder neues Normal!

AHA-Regeln kollektiv verinnerlicht? Sollte zumindest sein, am besten mit Einsicht und Weitsicht aus Vorsicht und Rücksicht!

Wer sozial ist, hält diese ohnehin ein ohne zu müssen!

Hände mehrmals am Tag waschen, jeweils ein Geburtstagsständchen lang, "Happy Birthday To You" als Killersong mit Viren als Adressat!

Neues Normal, fast wie im Kabarett, wenn nicht Gesundheit, Leben, Existenzen auf dem Spiel stünden!

Überlebensregeln im Ernst ein Spiel? Nun, wohl eher Ernst statt Spiel, denn mit so etwas spielt Mensch nicht, schon gar nicht in coronaren Zeiten!

Neues Normal als situationsadaptierte Mutation menschlichen Verhaltens?

Oder mutieren wir Menschen mit dem Virus letztendlich auch unsere Gefühle, Empfindungen, Gedanken, Wahrnehmungen, kurzum: unser gesamtes Wesen?

Gedankenspiel: Was wäre wenn?

Huch, was geht denn jetzt ab?

AHA! Ho capito!

VIII.

Morgenröte

Morgenröte

Aufsteigende Morgenröte

Lebenshauch

Eines noch jungen Tages

Licht bricht aus Dunkelheit

Neu wird aus Alt geboren

Und nichts ist mehr

Wie und wo es war zuvor

Aus gleichem Holz

Ich sehe dich nicht,

denn ich habe keine Augen.

Ich höre dich nicht,

denn ich habe keine Ohren.

Ich fühle dich nicht,

denn ich habe keine Hände.

Doch ich nehme dich wahr,

wenn du mich umarmst.

Und ich spüre dabei deinen Herzschlag.

Spürst du auch meinen?

Schau, wir sind aus gleichem Holz

und Geschöpfe ein und desselben Himmels –

Ich, dein großer Bruder, der Baum,

und du, der fast täglich an mir vorbeigehst!

Denke immer daran – wir sind letztendlich eins!

Das zu empfinden und zu (be-)achten,

das wäre doch prima, oder?

Ungewöhnliche Liebeserklärung
(Einer besonderen Schönheit gewidmet)

Es war Liebe
Auf den ersten Blick

Ich fand dich
Exotisch, ja umwerfend schön

Du zogst auch schon bald
In meine Wohnung ein

Und ich erfreute mich
An deiner wunderbaren, vitalen Erscheinung

Doch dann geschah etwas
Was ich mir bis heute nicht erklären kann

Schenkte ich dir zu wenig Aufmerksamkeit
Oder überschüttete ich dich mit zuviel des Guten

War es bei mir Kopflosigkeit
Vielleicht sogar viel schlimmer:
Der schleichende Prozess einer Beziehungslosigkeit

Nun erlebe ich
Sicherlich von schlechtem Gewissen geplagt
Wie du von mir gehst
Indem du Stück für Stück von dir gibst

Dabei kenne ich nicht einmal deinen Namen
Geliebte Pflanze

Ich weiß nur, dass ich um dich trauern werde
Wenn du mich verlässt

M

ME

MET

META

METAM

METAMO

METAMOR

METAMORP

METAMORPH

METAMORPHO

METAMORPHOS

METAMORPHOSE

METAMORPHOS

METAMORPHO

METAMORPH

METAMORP

METAMOR

METAMO

METAM

META

MET

ME

M

Der Berg

(Hommage an die Zugspitze)

Mit leichtem Fuß

Dann immer schwerer

Geht's steil hinauf

Dem Berg entgegen

Der majestätisch sich

Nach oben streckt

Sich gleichsam

In ein Meer von Nebel reckt

Anmutsam, mystisch, ja verwegen

Bist weder Freund

Bist weder Feind

Bist einfach da

Unzweifelhaft

Äonen von Jahren werden noch vergehen

Auch wenn eiskalte Lüfte dich umwehen

Bleibst fest, massiv

Erscheinst passiv

Doch in der Ruhe liegt die Kraft

Lebensquelle

Aus sprudelnder Quelle über Rinnsal zum Bach
Wirst zunehmend wilder und ungezähmter
Willst schnell und stracks das Flussbett erreichen
Schleifst auf deinem langen, gewundenen Wege
Steine und Felsen gehörig ab
Dein Rauschen klingt laut, lebendig und stark
Deiner eiskalten Gewalt muss manch' Hindernis weichen

Und kommst du ans Ziel gewachsen im Laufe
Hast dich nicht im Wasser des Flusses verzehrt
Dein Wasser verbindet, tagein, tagaus Quelle und Meer
Du, lebendiger Bach
Im ewigen Kreislauf das Wasser dich nährt

Rheinaue

Grün, voll saftig grün

Ausgedehnte Auenlandschaft

Wo Tiere nicht nur an heißen Sommertagen

Bei dir Zuflucht, Schutz und Schatten suchen

Geschätztes Brut-, Rast- und Überwinterungsbiotop

Vom Rhein geprägte eigenwillig schöne Uferlandschaft

Im Wechsel seines Hoch- und Niederwassers

Du trägst selbstbewusst seinen Namen

Lässt dich vom Wind durchkämmen

Rheinaue, du Meisterin der Balance

Himmlischer Gruß

(Nach einer Erzählung meiner Mutter)

Scharlachrot der Sonnenball

Ergießet sich im Rheine nieder

Und der Vöglein zarter Schall

Erfreut mich täglich immer wieder

Ach, du schöner Ein-Klang göttlicher Natur

Dich im Alter noch so glücklich zu erleben

Himmelsgruß verströmt auf breiter Flur:

Stimmig-Licht, du Gottessegen!

Fensterblicke aus Zimmer Nummer 306

(Entstanden nach einem Gespräch mit meiner Mutter im Altersheim)

Sie sagen, der Winter ist endlich vorbei

Sie sagen, der Frühling ist nun eingekehrt

Sie sagen, die Natur entfaltet ihre volle Pracht

Sie sagen, es geht nun wieder aufwärts ---

Ich sehe die zart rosa-weißen Blüten der Magnolien

höre das ausgelassene Gezwitscher der Vögel

spüre die warme Brise auf meinen Wangen

durch das von Sonnenstrahlen erhellte offene Fenster

mit Blick auf den goldenen Strom und seine beflaggten Schiffe

Berührungen und Empfindungen im Zimmer Nummer 306

Das ich bald wieder gesund verlassen werde

Um die volle Frühlingspracht hautnah

Zu sehen, zu hören und zu spüren und dabei zu sagen:

Der Winter ist endlich, ja endlich vorbei!

In Hülle und Fülle

Schau, der Regen durchnässt den Boden,
lässt das Grundwasser steigen
und gibt uns das Gefühl,
den vermutlich nächsten
heißen Sommer gut zu überstehen.
Menschen warten an der Bushaltestelle
und bieten sich als Zwischenetappe
für Regentropfen an – ganz unfreiwillig und doch so vertraut.

Ich hörte, du wartest auf den Frühling,
seiest schon ganz ungeduldig,
ihn nach langer Kälte endlich zu spüren!
Narzissen, Tulpen, Osterglocken und Co
wissen um seine Wunder-, um seine Triebkraft!
Es blüht, zwar noch zaghaft, doch bald schon in Hülle und Fülle!
Leben entfaltet sich immer wieder aufs Neue!
Und du und ich, ja wir alle sind mittendrin!

Frühling 2020

Schau, die weißen Blüten vor jenem Haus
Botschafter des wiedererwachten Lebens

Und all die singenden Vögel im Garten
Im Reigen des einkehrenden Frühlings

Wo sind die Menschen auf den Straßen
Wo ihre eiligen Schritte und Geschäftigkeit

Sehnsucht nach Sonne und Wärme überall
Nach endlos erscheinenden kalten Nächten

„Hurra, hurra, der Lenz ist da!"

Doch statt diesen ausgiebig und fröhlich zu genießen
Muss man nun aufpassen beim Sprechen, Husten und auch Niesen

Denn der Corona-Virus lässt uns diesen Frühling ganz anders erleben
Das wird sich in unser aller kollektives Gedächtnis tief einweben

Krise als Chance heißt deshalb: Viel mehr zueinander stehen
und deshalb nicht nur sich, sondern auch andere sehen

Sonne pur

Sattsam Licht und Wärme

Innere Powerbank

Noch im grünen Bereich

Bis in die kleinsten Zellen des Körpers

Der vergangene Sommer

Im derzeitigen Grau

Und in der Kälte

Des Winters

Sturm

Dein Wolfsgeheul

Kann mich nicht

Erschüttern

Und deine Gewalt

Mich nicht

Entwurzeln

Denn im Getöse

Deiner stürmischen Art

Erwacht meine in mir ruhende Natur

Nach langem Winterschlaf

(Während einer stürmischen Nacht 1994 in der Eifel)

Gewitter

Leuchtend warme Sonnenstrahlen
Blauer Himmel, wunderschön –
Plötzlich Grollen in der Ferne
Dunkle Wolken schon zu sehn
Grelle Blitze, Donnerkrachen
Regenmassen stürzen nieder
Füllen Straßen, Bäche, Seen
Peitschen gegen Häuserwände
Immer zu und immer wieder!

Sturm erschöpft sich –
In der Fern schon
Bricht die Wolkendecke auf
Warten auf den Regenbogen
Auf sein buntes Farbenspiel
Sind selbst Teil des Lebens Lauf

Gewitterregen

Warm, viel zu warm waren bisher die ersten Sommertage und -nächte 2020
Kaum Regen verschafft der Natur die ersehnte Erholung
Durchtrocknet und steinhart die Böden
Abgefallene Blätter von den Bäumen schon verwelkt
Als zerbröselndes Laub auszumachen
Unerträglich warme Nächte, die kaum Erholung bieten
Die Natur, dürstend nach Lebenselixier – Wasser!

Plötzliches Grollen in der Luft
Heftiges Donnern erschüttert die frühe Morgenstille
Zunehmende Dunkelheit lässt aufziehendes Gewitter vermuten
Erste schwere Tropfen fallen auseinandersprenkelnd auf den festen Boden
Zuerst einzelne, dann immer mehr
Der Himmel birst und schüttet sich aus
Wassermassen stürzen herab und sammeln sich in Pfützen und Lachen
Die Natur – sie kann zumindest erst einmal wieder durchatmen!
Doch wie lange noch?
Gewitterregen – mitten im Klimawandel

Spätherbstimpressionen

Wolkenbehangener Himmel

Seine Farben Grau in Grau

Von des Windes

Unsichtbaren Händen

Sich die letzten Blätter

Von den Bäumen lösen

Zur Ruhe kommend

Und sich

Nach innen wendend

Die Natur

Für alle Fälle

Bunte Blätter

Sammle ich

Vom Herbstboden

Für alle Fälle

Ein Vorrat

Für manche

Grauen Wintertage

Schutz

Weiße Flocken

Fallen zu Boden

Bedecken ihn sacht

Wie ein weicher Mantel

Der die Glut

Unserer Liebe

Vor Kälte

Zu schützen

Vermag

Lebenszeichen

(Meinen Kindern gewidmet)

Eisblumen am Fenster

Entstanden und gewachsen

In klirrend frostiger Nacht

Geheime und in sich

Wundersame Botschaft

Der Natur

Eigenwilliger Plan

Lebendiges Zeichen

Des Ausdrucks

Von Wandel

Und Veränderung

In vollkommener

Schönheit

IX.

Deiner Hände Lebenszeichen

Deiner Hände Lebenszeichen

(Widmung an meine Mutter)

Falte für Falte

Lebenszeichen

Die dein Leben schuf

Narben verheilter Wunden

Erinnerungen vergangener Schmerzen

Liniendurchfurchte Flächen

Blaugeädert deine

Von der Arbeit Last

Aufgeraute und gegerbte Haut

Aufgeschlagenes

Für sich sprechendes Buch

Gelebter Kapitel

Vater

(Widmung an meinen Vater)

Hey

Du und ich

Wir beide allein

Ohne Wenn und Aber

Im spürbaren Rhythmus unserer Herzen

Und im vollen Vertrauen in unsere Verbundenheit

In der ganzen Akzeptanz unserer Stärken und Schwächen

Und in beidseitiger Rücksichtnahme auf unsere Verletzlichkeiten

In der ständigen Gewissheit unserer immer wieder versöhnenden Liebe

Und unser über die Zeit sowie alles in der Welt hinaus wohltuend heilsames Lachen

In der seichten Brise des uns beide gleichsam zart berührenden Abendwindes

And I think so alone: „What a wonderful world!"

Papa

Papi

Vati

Vater

Einkehr

Grau der Tag
In sich gekehrt
Stimmen verblasst
Bewegungen ruhn
Kein Wind
An den Bäumen zerrt

Den eigenen Blick
Tief nach innen gewandt
Kontakt mit sich selbst
Dem vertrauten Freund
Dabei des Lebens Fülle
In sich erkannt

Lass einfach geschehen

Sei traurig, wenn du traurig bist!
Lass' deine Tränen fließen!
Nicht immer ist's im Leben rund.
Nicht täglich fühl'n wir uns gesund.
Warts ab, es gibt noch manch'
schöne Stunde zu genießen!

Kindheitserinnerungen
(Widmung an meinen Bruder Peter)

Peter, erinnerst du dich noch …
Als wir Kinder waren
An unseren Hühnerstall im Garten
Der uns sicheren Unterschlupf
Bei Wind und Wetter bot
Und auch ein Gefühl der Geborgenheit
Inmitten der gackernden Hühner gab

Erinnerst du dich noch …
An den Geschmack des Hühnerfutters:
Steinharte Körner, ausgedörrtes Brot und auch
Kleine getrocknete Fische im Mischfutter
Ein Genuss für uns Möchtegern-Gourmets
Und für unsere häufig hungrigen Mägen
Die eher gesüßte, eingedickte Milchsuppe kannten

Erinnerst du dich noch …
An den Geschmack von rohen, warmen Eiern
Deren Inhalt wir vor Hunger gierig aussogen
Erst das Eiweiß, dann der Dotter – schlupp
Und auch an das herrliche Aroma
Reifer Tomaten, Möhren und Erdbeeren
Aus den Koloniegärten der Nachbarn

Erinnerst du dich noch …
An das uns selbst überlassene Spielen auf der Straße
Mit vielen anderen Straßenkindern
Leidenschaftliches Fußballbolzen
Mit allem, was gerade noch rollen konnte
Blechdosen, Steine, Wollknäuel – alles war Ballersatz
Und zwischendurch auch eine Flötsch – ein echter Ball!
Piss, Pott, Piss, Pott … wer spielt gegen wen und steht wo?
Klare Rituale, eindeutige Regeln
Die alle kannten und uns jedoch manchmal nervten

Erinnerst du dich noch …
An den schon von Weitem sich ankündigenden Lumpenpitt
Laut mit der großen Glocke in der Hand läutend
In seinem dreirädrigen Goliath-Pritschenwagen
Mit laut knatterndem Zweitaktmotor
Herbeirollend und seinen Endlosspruch rufend:
„Lumpen, Eisen, Knochen und Papier!“
Und wir alles auffindbare Metallene hastig
Zu ihm brachten für ein paar Groschen
Die wir dann später beim gleichfalls Glocke läutenden
Eismann voller Erwartung und so gern ausgaben
Für Eis der Sorten Erdbeere, Schoko und Vanille

Erinnerst du dich noch …
An die von uns mit klopfenden Herzen
Mit flinken Händen entfachten Feuerchen
Von uns liebevoll „Pöschgen“ genannt
An das Gefühl von Grenzenlosigkeit – ein Hauch von Freiheit
Und die Selbstverständlichkeit, dazuzugehören
Zu den Stadtindianern, Cowboys, Trappern, Texas-Rangern
Vor denen auch ein Vivil-Automat kapitulieren musste
Der uns seinen Inhalt kostenlos preisgab

Erinnerst du dich noch …
An die unzähligen Buden und Unterschlüpfe
Deren Konstruktionen und Ausstattungen
Unseren grenzenlosen Phantasien entsprangen
Und an das gemeinsam geplante Rheinschiff
Für unsere bevorstehende abenteuerliche Rheinfahrt
Wofür wir schon ein paar lose Bretter hatten
Verdreckte und von „Feuerchen“ verräucherte Kleidung
Waren mitunter unsere äußeren Erkennungsmerkmale

Ja, ich erinnere mich noch gut daran:
Leben mit allen Sinnen und Gefühlen
Unmittelbares und oft spontanes Verhalten
Kindliches Wahr-Nehmen, Ent-Decken und Er-Leben

An das ich mich gern, sicherlich manchmal etwas verklärt
Zeitweise auch mit gemischten Gefühlen zurückerinnere
Auch das war, ja das ist ein Teil meines, unseres Lebens!

Teilend berührt
(Widmung an meine Zwillingsschwester Carmen)

Eng umschlungen
Sich lebend entfaltend
Raumfüllend
Im Drang nach Vollendung
In behutsamer Vor-Sicht
Miteinander
Zeitlang zusammen
Entstanden
Gewachsen
Gespürt
Beisammen gelebt
Und ausgebrochen
In eine Welt
Die von alledem
Nichts ahnte
Wie wir
Miteinander
Zu leben wussten
Allein zusammen
Unsere Lebenswirklichkeit
Für eine kurze Zeit
Die unser Leben prägte
Und uns gemeinsam
Um mehr als eine
Bedeutsame Erfahrung
Reicher machte
Danke, mein Schwesterherz!

X.

So isses

So isses

Gut gefrühstückt heute früh mit viel Muße
Und mit herrlich köstlichen Aromen
Die meinen Gaumen umschmeichelten

Wunderbar der sich neu entfaltende Tag
Sonne pur vom strahlend blauen Himmel

Wärme, die mich innen wie außen berührt
Und mit neuem Leben erfüllt

Ein neuer Tag, zwar noch jung
Und doch schon voll Imaginationen

Ich bin offen und ganz da für diesen Tag
Und lass den Rest einfach geschehen

Während draußen ein Vogelpaar
Für mich, für dich, für uns alle singt

Auch in Zeiten wie diesen
Verwöhnen Sonnenstrahlen mein Gesicht

Dreamer

Der Morgen ist noch jungfräulich.

Der Espressoduft durchströmt schon die kuschelig aufgewärmte Küche.

Das Toastbrot lässt knisternd im UV-strahlungsfreiem Toaster sein volles Backaroma an der olfaktorischen Schleimhaut der Nase erahnen.

Die Orangenkonfitüre wartet geduldig auf die dankbaren Geschmacksknospen der Zunge und des Rachens.

Und die gute Landbutter? Die möchte auch fett von der Party am Frühstückstisch sein!

Hey, was träum ich da?

Jetzt aber endlich ran ans Frühstückmachen!

Eine gedankliche Kostprobe habe ich ja schon!

Ups, da fehlt noch was, oh wei, oh wei:

das wachsweich gekochte Bio-Frühstücksei!

Davon gleich zwei!

natürlich natürlich

natürlich froh und natürlich munter
natürlich frisch und natürlich frei

natürlich natur verbunden
mit naturhaftem biobrot und bioei

natürlich naturverlesen
natürlich schön und natürlich fein

natürlich sollte naturbelassen
natürlich sinnlich naturalistisch sein!

Geschmack

Es muss nicht alles schmecken,

was gut tut,

doch es sollte schon gut sein,

was schmeckt!

Gaumenschmaus

Ein mit viel Fantasie und Geschmack
kreiertes mehrgängiges Menü
empfinde ich wie eine gute, ja berauschende Musik,
die uns mit allen Sinnen
zum Verweilen, Erleben und Genießen schamlos verführt
und uns noch nachhaltig angenehm berührt!

Die Waage

Wieder komplett vorgeführt

Und dabei leider nicht geirrt

Splitternackt steh' ich auf dir

Ich wag' den Blick, und du zeigst mir

Gnadenlos und unverstellt

Wie es um mein Gewicht bestellt

Ich weiß nur eins, so geht's nicht mehr

Gäb' dir gern meine Pfunde her

Aber wenn ich so auf dir steh

Vorne an mir runterseh

Dazu noch auf die Zahlen da unten schau

Wird's mir mit einem Mal ganz mau

Deshalb habe ich für uns beide eine gute Idee:

Wiege mich ruhig weiter in Unschuld, du

Und ich drück' dabei gern beide Augen zu

Auf dem Weg

Wenn mich plötzlich

Die Lust auf einen Espresso

Überkommt

Und ich nach dem Genuss desselben

Weiterhin noch dessen vielfältige

Eleganz von Aromen

Auf Zunge und Gaumen

Wie eine Symphonie des Lebens

Verspüre

Dann wird mir bewusst:

Ich bin auf dem Weg

Der Heilung!

Wehwehchen beim Älterwerden

Es tut mir weh
Nicht nur Knie und Zeh
Sondern auch der Rücken
Schon beim geringsten Bücken

Und auch der Bauch
Schmerzt jetzt gelegentlich auch
Nach bestimmten Speisen
Nicht nur auf Reisen

Mein Hals oh jemine
Tut mir beim Schlucken weh
Vor allem nach Hustenattacken
Wenn meine Bronchien rasseln und knacken

Mein klarer Kopf jedoch
Den gibt es wie früher noch
Der muss meine Wehwehchen verschalten
Und darüber den Überblick halten

XI.

Es liegt in unserem Munde

Es liegt in unserem Munde

Die Benutzung der Sprache
sollte genau so verantwortlich sein,
wie das Tragen einer Waffe!
Denn Worte können
entwerten,
verletzen,
sogar töten
und auch
für Klarheit sorgen,
zärtlich berühren,
Trost spenden,
verbinden,
heilsam sein!
Es liegt deshalb in unserem Munde,
was wir aus ihm
mit welcher Wirkung
hervor-sprechen!
Denn unsere innere Haltung
spricht immer mit!

Sprache

Wo die Sprache fehlt,

auch und gerade die des Herzens,

hat Gewalt oft einen Nährboden!

Erst die Sprache vermag

unser Bewusstsein

prägend zu beeinflussen,

um die Welt

in uns

und um uns herum

sprachlich berührend zu erfassen

und somit

ihr eine Be-Deutung

auch die von Versöhnung und Frieden

zu geben.

Frau und Herr Ameisenbär

Eine Ameise ging im Winter mal spaziern
und zog sich etwas Warmes an, um nicht zu friern.

Doch ein Bär machte sich lachend über sie her,
daraufhin konterte die Ameise keck, wer er denn wohl wär.

Und sagte zu ihm mutig und schnell:
„Warum ziehst du dir nicht über die Ohren dein flauschiges Fell?"

Das machte den Bären nachdenklich und stutzig
und fand am Ende die Ameise recht putzig.

Dieses Ereignis ist noch nicht lange her,
doch seitdem gibt es ein Paar: Frau und Herr Ameisenbär!

Und die Moral von der Geschicht:
Wer miteinander redet, bewahrt sein und des andern Gesicht!

Wenn Haare sprechen könnten ...

Oh, nach unendlich langer Zeit werde ich wieder berührt,
von fachlichen Händen, die ihr Handwerk verstehen!
Es ist so angenehm wahrzunehmen,
dass mir von außen nach so langer Zeit des Ausharrens
wieder besondere Aufmerksamkeit geschenkt wird!
Und es fühlt sich einfach wunderbar haarlich an,
gekämmt, gebürstet und gestylt zu werden!
Gut, ich gebe gern einiges von meiner
inzwischen ungewollt gewachsenen Haarpracht her!
Denn was heißt hier schon Lockdown?
Besser Locken runter, aber ...
Aua, bitte nicht so feste daran ziepen!
Es tut mir weh, vor allem beim Nass-Schneiden!
Ich weiß, es braucht wieder die alltägliche Routine!
Die wirst du, geschätzte Friseuse bzw. geschätzter Friseur
auch sicherlich wieder zurückbekommen!
Dafür kenne ich dich zu gut und nenne unsere Beziehung mittlerweile
eine gewachsene, behaarliche Partnerschaft
über den Lockdown hinaus!
Und das ist wirklich nicht an den Haaren herbeigezogen!
Nein, wirklich nicht!

Reimen

Ich begegne dir

Du begegnest mir

Wir begegnen uns hier

Und nach einem Glase Wein

Biegt man so manchen Reim

Doch auch bei einem Bier im Stehn

Lässt sich ein Reim noch sehn

Oh, apropos Wasser und Tee

Die tun beim Reimen grundsätzlich nicht weh

So halten alle Getränke, weil diese fast gänzlich aus Wasser

Beim Vortragen von Reimen Mund und Rachen stets nasser

Baustein zum Gelingen

Nichtgelingen

ist nicht unbedingt das Gegenteil von Gelingen

sondern aus einem anderen Blickwinkel betrachtet:

ein Baustein zum Gelingen!

Ungewöhnlicher Augenblick

Ein kurzer, ein ungewöhnlicher Moment,
der die schon zu lange anhaltenden bleiernen Zeit
durch eine flüchtige, bezaubernde Begegnung
Menschlichkeit und Wärme verleiht:
Ein charmantes Lächeln beim flüchtigen Vorübergehen.
Auch wenn Mund und Nase bedeckt sind,
berühren mich schwarze, feurige Augen
mit einem freundlichen, offenen Blick,
bewegen mein Herz und bringen es in Wallung!
Danke für diesen wunderbaren Augenblick,
der mich die zeitweise Schwere des Alltags
durch die Herzlichkeit und Schönheit des Blickes
vorübergehend fast vergessen lässt.

Epilog

Das Leben ist wie ein Kaleidoskop. Schaut man in solch ein Wunderrohr hinein, so werden uns Bilder gewahr, über die wir staunen, uns wundern und die uns in die Lage versetzen, unsere Fantasien zu neuen Geistesblitzen und Erkenntnissen anzuregen. Denn bei jeder noch so geringen Bewegung dieses optischen Geräts verwandeln sich die geschauten Bilder aus vielfältigen Strukturen, Figuren und Farben in neue Muster. Und jedes weitere Bild wird zu einem einzigartigen Moment, der uns innehalten und Neues entdecken lässt. So ist das auch mit dem Leben, das so unendlich facettenreich ist und uns immer wieder überrascht, ins Staunen und Nachdenken versetzt.

Mit diesem Gedichtband habe ich nun "verdichtete" Momente meiner Lebens- und Gedankenwelt in Textform eingefangen und lade Leserinnen und Leser ein, daran teilzuhaben, nicht zuletzt um sie anzuregen, der eigenen Fantasie und Assoziation freien Lauf zu lassen.

Ein großes Dankeschön zum Gelingen dieses Buches geht an meinen Freund Burkhard, der sich viel Zeit nahm, meine Texte Korrektur zu lesen, und auch an meinen Freund Jo, der mich immer wieder ermutigte, das Buchprojekt anzugehen und die Texte zu veröffentlichen. Und nicht zuletzt geht ein ebenso großes Dankeschön an meine Frau Christa, die stets ein geduldiges und kritisches Ohr für mich hatte und hat.

Über den Autor

Wolfgang Hübner-Bergfeld wurde 1949 als Sohn einer deutsch-italienischen Familie in Moers am Niederrhein geboren und lebt seit über 50 Jahren in Köln zusammen mit seiner Frau Christa, mit der er einen Sohn und eine Tochter hat.

Nach dem Studium der Ingenieurwissenschaften an der damaligen Fachhochschule Köln und dem Studium in Erziehungswissenschaften, Psychologie und Soziologie an der Philosophischen Fakultät der Universität Köln war der Autor 34 Jahre lang hauptberuflich Leiter einer Familienbildungs- und Beratungsstelle. Während dieser Zeit engagierte er sich über viele Jahre im dortigen Betriebsrat und war dort zeitweise als Betriebsratsvorsitzender sowie Mobbingbeauftragter und Streitschlichter für seine Kolleginnen und Kollegen tätig.

Der Autor arbeitete jahrelang als Dozent in der Erwachsenen- und Familienbildung sowie als systemischer Familientherapeut und Supervisor. Als Rentner ist er noch zeitweise in diesen Bereichen sowie in der Flüchtlingsarbeit aktiv.

Sein Hang zum Schreiben zieht sich durch sein ganzes Leben, angefangen mit kleinen Tagebüchern und Gedichten in frühester Kindheit, bis hin zu Aphorismen, Lyrik, Essays und Geschichten. Schreiben ist für ihn eine Passion, die ihn dazu bringt, sich selbst immer wieder neu zu entdecken, auszudrücken und andere Menschen zu bewegen und zu berühren.